Amor
a melhor coisa do mundo

O livro é a porta que se abre para a realização do homem.

Jair Lot Vieira

AMOR
a melhor coisa do mundo

Henry Drummond

Tradução: Edson Bini

VIA LEITURA

AMOR
A MELHOR COISA DO MUNDO
HENRY DRUMMOND
TRADUÇÃO: EDSON BINI

1ª Edição 2014

© desta edição: *Edipro Edições Profissionais Ltda. – CNPJ nº 47.640.982/0001-40*

Todos os direitos reservados. Nenhuma parte deste livro poderá ser reproduzida ou transmitida de qualquer forma ou por quaisquer meios, eletrônicos ou mecânicos, incluindo fotocópia, gravação ou qualquer sistema de armazenamento e recuperação de informações, sem permissão por escrito do Editor.

Editores: Jair Lot Vieira e Maíra Lot Vieira Micales
Coordenação editorial: Fernanda Godoy Tarcinalli
Revisão: Fernanda Godoy Tarcinalli e Francimeire Leme Coelho
Diagramação e Arte: Karine Moreto Massoca

Dados Internacionais de Catalogação na Publicação (CIP)
(Câmara Brasileira do Livro, SP, Brasil)

Drummond, Henry
  Amor : a melhor coisa do mundo / Henry Drummond ; tradução Edson Bini. – São Paulo : Via Leitura, 2014.

  ISBN 978-85-67097-01-5

  1. Amor - Aspectos religiosos 2. Cristianismo 3. Vida cristã I. Título.

14-02965   CDD-248.83

Índices para catálogo sistemático:
1. Amor : Aspectos religiosos : Cristianismo 248.83

VIA LEITURA
São Paulo: Fone (11) 3107-4788 – Fax (11) 3107-0061
Bauru: Fone (14) 3234-4121 – Fax (14) 3234-4122
www.edipro.com.br

Sumário

Sobre o autor	7
Prefácio	11
Amor – a melhor coisa do mundo	19
A comparação	27
A análise	**33**
Paciência	39
Bondade	41
Generosidade	45
Humildade	47
Afabilidade	49
Altruísmo	51
Brandura	55
Inocência e sinceridade	61
A defesa	**73**
Epílogo	**87**

Sobre o autor

Nascido em 1851, na Escócia, Henry Drummond ficou conhecido como um dos mais respeitados pregadores do século XIX. Por meio de sua atuação como evangelista, conduziu um sem-número de pessoas à prática da fé religiosa.

Autor de muitas obras, professor de teologia, foi reconhecido mundialmente como colaborador do evangelista e editor norte-americano Dwight Lyman Moody, mais conhecido por D. L. Moody, especialmente nas campanhas em prol da Renovação. E foi a partir do estreitamento desta amizade, por volta de 1873, que teve início seu trabalho como evangelista.

Embora tivesse sua atenção voltada preferencialmente aos estudos acerca do Evangelho, Henry Drummond desenvolveu diversos estudos como professor e conferencista na área das Ciências Naturais, tendo apresentado trabalhos de sua autoria em que esteve presente o entrecruzamento das chamadas leis naturais com as leis espirituais.

Na tentativa de trazer a público uma identidade comum aos dois campos, o autor estabeleceu uma relação entre a teoria da evolução e os princípios que regem o cristianismo, cuja teoria não obteve a aceitação da comunidade religiosa. Porém a obra que o tornou conhecido foi justamente *A lei natural no mundo espiritual*, publicada em 1883, tendo vendido 70 mil exemplares em apenas cinco anos.

Todavia sua obra de maior impacto foi esta meditação, *The greatest thing in the world* ("A melhor coisa do mundo"), baseada na *Primeira Carta de São Paulo aos Coríntios* (1 Cor 13). Escrita em 1874, desde a sua primeira publicação já ultrapassou o marco de 12 milhões de exemplares vendidos, e permanece levando pessoas de todo o mundo de encontro ao maior dos mandamentos cristãos, o Amor.

Entre suas inúmeras publicações, destacam-se ainda:

- *A lei natural no mundo espiritual* (1883)
- *África Tropical* (1888)
- *A melhor coisa do mundo e outros endereços* (1894)
- *The ascent of man* (1894)
- *A vida ideal e outros endereços não publicados* (1897)
- *A nova evangelização e outros papéis* (1899).

Prefácio

Durante minha visita à Inglaterra em 1844 estive com um grupo de amigos numa casa de campo. Na noite de domingo, enquanto estávamos sentados ao redor do fogo, pediram-me para ler e comentar algum trecho das Escrituras. Devido às atividades realizadas naquele dia, eu estava cansado, então sugeri que pedissem a Henry Drummond, que integrava o grupo. Depois de alguma insistência, ele retirou do bolso da calça um pequeno volume do *Novo Testamento*, abriu-o no Capítulo 13 da *Primeira Carta aos Coríntios* e começou a falar sobre o amor.

A mim pareceu jamais haver ouvido algo tão belo, então me determinei a não descansar enquanto não trouxesse Henry Drummond a Northfield para proferir aquele discurso. Desde então tenho solicitado aos diretores de minhas escolas que façam sua leitura aos estudantes todos os anos. A única grande necessidade em nossa vida cristã é o amor, mais amor a Deus e entre nós. Que pudéssemos todos nós adentrar aquele capítulo do amor, e ali viver.

D. L. Moody[*]

---

[*] *D. L. Moody* foi um pregador norte-americano que ficou conhecido como um dos mais importantes e influentes evangelistas do século XIX, cujas pregações chegaram a alcançar um público de milhares de pessoas. Fundou diversas escolas com o objetivo de treinar comunicadores que pudessem levar às massas a palavra de Deus. Este trabalho culminou na fundação do Instituto Moody. Também foi editor fundador da Moody Press, responsável pela publicação de todo o material de divulgação de sua atuação como evangelista. (N.E.)

Ainda que eu falasse as línguas

dos homens e dos anjos,

se não tivesse amor,

seria como o som do bronze

ou o retinir do címbalo.

E ainda que eu tivesse

o dom da profecia e o conhecimento

de todos os mistérios

e de toda a ciência,

e ainda que tivesse toda a fé,

a ponto de mover montanhas,

se não tivesse amor,

eu nada seria.

E ainda que disponibilizasse

todos os meus bens

para alimentar os que têm fome,

e ainda que entregasse meu corpo

para ser queimado,

se não tivesse amor,

isso de nada me serviria.

O amor é paciente, é solícito.
O amor não é invejoso.
O amor não é irrefletido,
não é orgulhoso, não é inconveniente,
não busca seu próprio interesse,
não se irrita, não pensa o mal,
não se regozija com a injustiça,
porém se regozija com a verdade;
tudo tolera, em tudo crê,
em tudo tem esperança, tudo suporta.
O amor jamais deixa de existir.
As profecias deixarão de ter validade.
As línguas terão um fim.
A ciência desaparecerá.
Pois nossa ciência é parcial,
e parcial é nossa profecia.
Mas quando da vinda do que é completo,
o parcial não atuará mais.

Quando era criança,
eu falava como criança,
pensava como criança,
raciocinava como criança.
Quando me tornei homem,
abandonei o que é infantil.
Vemos atualmente
como através de um espelho,
obscuramente,
mas então o faremos face a face.
Atualmente conheço parcialmente,
mas então conhecerei mesmo
como sou conhecido.
Agora permanecem os três:
fé, esperança, amor.
Mas, entre eles, o amor é o maior.

1 Coríntios 13

Amor
a melhor coisa do mundo

Desde os tempos antigos até hoje todos se fazem a mesma pergunta: O que é o *summum bonum*, o bem supremo? Você tem uma vida para viver e só pode vivê-la uma vez. Qual é o objeto mais grandioso de nossa aspiração, o dom supremo a que ambicionamos?

Sempre nos disseram que a fé é, na esfera da religião, o que há de mais elevado. Essa importante palavra tem expressado durante séculos a ideia fundamental na religiosidade das pessoas. E facilmente aprendemos a considerá-la como o bem supremo. Bem, estamos errados. Se é o que nos disseram, pode ser que não atinjamos nosso objetivo. No capítulo 13 da *Primeira Carta aos Coríntios*, o apóstolo Paulo nos conduz à fonte do cristianismo: "fé, esperança, amor. Mas, entre eles, o amor é o maior".

Essa afirmação não foi um descuido por parte de Paulo. Pouco antes, no início do capítulo, ele se referiu à fé e disse: "e ainda que tivesse toda a fé, a ponto de mover montanhas, se não tivesse amor, eu nada seria". Ele deliberadamente os compara: "Agora permanecem os três: a fé, a esperança e o amor", e, sem hesitar por um momento, se decide: "Mas o amor é o maior".

E não se trata de uma cisma. Uma pessoa está capacitada a recomendar a outras aquilo que é o seu ponto forte. Ora, o amor não era o ponto forte de Paulo. É possível ao estudante observador detectar em Paulo, à medida que ele envelhece, o desenvolvimento e o amadurecimento de uma afável ternura em seu caráter. Entretanto, a mão que escreveu "Mas entre eles o amor é o maior", quando a encontramos pela primeira vez, estava manchada de sangue.

Tampouco é esta *Carta aos Coríntios* peculiar ao singularizar, ou seja, tratar diferentemente o amor como o *summum bonum*. As obras-primas do cristianismo concordam quanto a isso. Pedro diz: "Acima de tudo, que haja intenso amor entre vós". *Acima de tudo*. E João vai além: "Deus é amor".

Vocês se lembram da observação profunda feita por Paulo em outro momento das Escrituras: "O amor é o cumprimento da lei". Alguma vez já pensaram o que ele quis dizer com isso? Os seres humanos, naquela época, abriam seu caminho para o céu praticando os Dez Mandamentos, além dos cento e dez outros que haviam produzido a partir daqueles Dez. Surgiu Cristo e disse: "Mostrarei a vós um caminho mais simples. Bastará fazer uma única coisa para estardes fazendo essas cento e dez sem sequer nelas pensar. Bastará *amar*, e sem o perceberdes estareis cumprindo toda a lei".

Facilmente vocês perceberão por si mesmos que é assim. Considerem qualquer um dos Mandamentos, por exemplo: "Não terás outros deuses diante de mim". Não será necessário dizer isso a alguém se essa pessoa amar a Deus. O amor é o cumprimento dessa lei. "Não pronunciai o nome de Deus em vão." Para alguém que O amasse seria impensável pronunciar Seu nome em vão. "Lembra do dia de Sábado para santificá-lo." Alguém não se alegraria exultantemente em dedicar um dos sete dias da semana exclusivamente àquele que é o objeto de seu amor? O amor cumpriria todas essas leis relativas a Deus.

Assim, vocês jamais precisariam dizer a uma pessoa que amasse ao semelhante que honrasse pai e mãe. Seu comportamento não poderia ser outro. Seria absurdo dizer-lhe para não matar. Indicar-lhe o dever de não furtar tão só a insultaria, pois como poderia furtar daqueles que amasse? Quanto a pedir-lhe encarecidamente que não prestasse falso testemunho contra seu semelhante, seria inteiramente supérfluo. Supondo que o amasse, isso seria a última coisa no mundo que faria. E jamais passaria pela cabeça de vocês insistirem com essa pessoa para não cobiçar os bens do próximo. Certamente preferiria que ele os possuísse e não ela. Desse modo, "o amor é o cumprimento da lei". É a regra para o cumprimento de todas as regras, o novo mandamento para a prática de todos os velhos mandamentos, o segredo único do Cristo para a vida cristã.

Ora, Paulo o aprendeu. E nesse nobre louvor (ao amor) ele nos proporcionou a mais maravilhosa e original explicação existente sobre o *summum bonum*. É possível dividi-la em três partes: inicialmente, no próximo breve capítulo, o amor é *comparado* com outras coisas; no capítulo posterior (que corresponde ao cerne da questão), o amor é *analisado*; e, no capítulo final, o amor é *defendido* na sua qualidade de dom supremo.

A comparação

Paulo começa por comparar o amor com outras coisas que, naquela época, as pessoas tinham em alta estima. Não vou tentar examiná-las detalhadamente, pois são pequenas em relação ao amor, é evidente.

Compara-o à *eloquência*. Realmente esta é um dom grandioso, uma vez que encerra o poder de manipular as almas e vontades humanas e incitá-las a propósitos elevados e realizações imbuídas de santidade. Diz Paulo: "Ainda que eu falasse as línguas dos homens e dos anjos, se não tivesse amor, seria como o som do bronze ou o retinir do címbalo". Todos nós sabemos a razão disso. Quão impudentes foram as palavras desprovidas de sentimento que já atingiram os nossos ouvidos! Soam vazias, inconvincentes, irresponsáveis... É a eloquência que não tem o amor por trás de si.

Compara-o à *profecia*. Compara-o aos *mistérios*. Compara-o à *fé*. Compara-o à *caridade*. E por que o amor é maior do que a fé? Ora, porque o fim é mais importante do que o meio. E por que ele é maior do que a caridade? Porque o todo é mais importante do que a parte.

Vale a pena repetir: o amor é maior do que a fé porque o fim é mais importante do que o meio. Para que serve a fé? Para ligar nossas almas a Deus. E qual é a finalidade dessa ligação, ou seja, a da alma do ser humano a Deus? O ser humano tornar-se semelhante a Deus. Ora, como Deus é amor, a fé é o meio para alcançar o amor, que é o fim. Não há dúvida, portanto, de que o amor é maior do que a fé: "e ainda que tivesse toda a fé, a ponto de mover montanhas, se não tivesse amor, eu nada seria".

E também ele é maior do que a caridade porque o todo é mais importante do que a parte. A caridade não passa de uma partícula de amor, um entre tantos outros inúmeros caminhos do amor, podendo haver, inclusive – e de fato há –, muita caridade sem amor. É muito fácil dar uma esmola a um mendigo na rua; na realidade, é geralmente mais fácil dar essa esmola do que deixar de fazê-lo. O amor, no entanto, também está presente no deixar de fazer. Extraímos alívio do sentimento de pena gerado pelo espetáculo da miséria humana pelo mero custo de uma moeda! É um custo ínfimo para nós, enquanto geralmente é muito valioso para o mendigo. Se de fato sentíssemos amor pelo mendigo, de duas uma: faríamos mais por ele ou faríamos menos. Assim, "ainda que disponibilizasse todos os meus bens para alimentar os que têm fome, (...) se não tivesse amor, isso de nada me serviria".

Em seguida Paulo compara o amor ao *sacrifício* e ao *martírio*: "e ainda que entregasse meu corpo para ser queimado, se não tivesse amor, isso de nada me serviria". O próprio caráter dotado da marca e do reflexo do amor de Deus é o que de mais importante os missionários podem levar ao mundo pagão. Essa é a linguagem universal. Seriam necessários anos para aprenderem a falar chinês, ou os dialetos da Índia, mas, no momento em que desembarcassem, essa linguagem do amor, por todos entendida, jorraria numa eloquência silenciosa.

O missionário é o homem, não seus discursos. Sua mensagem está no seu caráter. No coração da África, na região dos Grandes Lagos, topei com negros, homens e mulheres que se lembravam do único homem branco que haviam visto antes: David Livingstone. E à medida que passamos por onde ele passou naquele continente negro, os rostos se iluminavam ao falar daquele bondoso doutor que ali estivera anos atrás. Os africanos eram incapazes de compreendê-lo, mas sentiam o amor que pulsava no coração daquele homem. Sabiam que era amor, ainda que ele permanecesse em silêncio.

Levem para o seu ambiente de trabalho, que é onde vocês também devem viver suas vidas, esse amor simples, e a obra à qual vocês dedicam suas existências terá êxito. Não há como levar nada mais importante, e não há necessidade de levar nada menos importante. Vocês podem realizar todas as proezas e estar prontos para todos os sacrifícios. Mas se entregarem seus corpos para serem queimados, e não tiverem amor, isso *de nada* servirá a vocês e à causa do Cristo.

A análise

Uma vez realizada a comparação do amor com essas coisas, Paulo nos proporciona, em três pequenos versos, uma estupenda análise do que é essa coisa suprema.

Peço que a examinem comigo. Ele nos diz que se trata de uma coisa composta, semelhante à luz. Vocês decerto já viram um cientista fazer um feixe de luz atravessar um prisma de cristal, e viram esse feixe sair do outro lado do prisma decomposto nas cores que o integram: vermelho, azul, amarelo, violeta, laranja e todas as cores do arco-íris. Paulo faz o amor transpassar o magnífico prisma de sua mente inspirada, cujo reflexo surge do outro lado decomposto em seus elementos essenciais.

Eis aí, nessas poucas palavras, o que poderíamos chamar de espectro do amor, de decomposição, de análise do amor. Dá para perceber quais são seus elementos? Dá para notar que esses elementos têm nomes comuns, que são as virtudes de que ouvimos falar todos os dias? De que se trata daquilo que podemos praticar em todas as situações da vida? E como o bem supremo, o *summum bonum* é feito de inúmeras pequenas coisas e de virtudes comuns?

O espectro do amor é formado por nove ingredientes:

Paciência: o amor é paciente.

Bondade: o amor é solícito.

Generosidade: o amor não é invejoso.

Humildade: o amor não é irrefletido, não é orgulhoso.

Afabilidade: o amor não é inconveniente.

Altruísmo: o amor não busca seu próprio interesse.

Brandura: o amor não se irrita.

Inocência: o amor não pensa o mal.

Sinceridade: o amor não se regozija com a injustiça, porém se regozija com a verdade.

O dom supremo, aquilo que confere ao ser humano toda a perfeição humana possível, é constituído por paciência, bondade, generosidade, humildade, afabilidade, altruísmo, brandura, inocência e sinceridade.

É de se observar que esses nove ingredientes dizem respeito a nós, à nossa vida, ao nosso presente conhecido, ao nosso futuro a curto prazo, e não a uma eternidade desconhecida. Muito ouvimos sobre o amor a Deus. E Cristo falou muito do amor ao homem. Celebramos muita paz com o céu. Cristo celebrou muita paz sobre a Terra. Nada há de estranho ou de extraordinário na religião. Ela é a inspiração de nossa vida secular, o sopro de um Espírito Eterno a atravessar este mundo temporal. O bem supremo, em resumo, não é, em absoluto, uma coisa, e sim a dádiva de um arremate às numerosas palavras e atos que constituem cada um de nossos dias.

Paciência

Esta é a postura natural para o amor; o amor submisso, o amor à espera para se manifestar, sem pressa, calmo, pronto para cumprir sua tarefa quando solicitado – comportando-se como um espírito humilde e sereno. O amor é paciente; tudo tolera; em tudo crê, em tudo tem esperança. O amor é compreensão, e por isso espera.

Bondade

O amor é atuante. Vocês já pararam para pensar quanto tempo de sua vida Cristo dedicou à realização de boas ações – *apenas* à realização de boas ações? Observem-na tendo isso em vista e descobrirão que ele passou a maior parte dela simplesmente fazendo as pessoas felizes, promovendo o bem-estar delas. No mundo, somente a santidade supera a felicidade, mas a primeira não está ao nosso alcance. Entretanto, Deus *providenciou* para que a felicidade daqueles que nos cercam esteja ao nosso alcance, e podemos produzi-la copiosamente praticando a bondade com nossos semelhantes.

"O bem supremo", alguém disse, "todos podem fazer pelo seu Pai Celestial praticando a bondade em prol de Seus outros filhos." Fico a imaginar por que não somos mais bondosos do que somos! O mundo precisa tanto de bondade, e é tão fácil praticá-la! E seu efeito é instantâneo, e ela nunca deixa de ser lembrada! E seu retorno é imenso, pois não há débito no mundo mais largamente saldado do que o débito do amor. "O amor jamais deixa de existir." O amor é prosperidade, felicidade e vida. "O amor", como diz Browning,[*] "é a energia da vida".

Pois a vida, em meio aos seus momentos de alegria e de tristeza, é tão só nossa oportunidade no privilégio de aprender o amor, como o amor poderia ser, efetivamente foi e é.

A presença do amor se faz onde Deus está presente. Aquele que habita a morada do amor habita a morada de Deus. Deus é amor, portanto *amem*! Amem indiscriminadamente, sem julgamentos, sem adiamentos. Distribuam amor fartamente entre os pobres, onde é muito fácil fazê-lo, mas também e especialmente entre os ricos, que com frequência dele muito necessitam. Acima de

---

[*]   *Robert Browning* (1812-1889) foi um grande poeta e dramaturgo inglês do século XIX, considerado um mestre do monólogo dramático e dos retratos psicológicos. (N.E.)

tudo, é preciso amar aqueles que estão na mesma condição em que estamos, o que é muito difícil, e pelos quais talvez cada um de nós se limite a fazer muito pouco. Tenhamos em mente que *tentar agradar* é diferente de *proporcionar alegria*. Proporcionem alegria. Não deixem escapar nenhuma chance de fazer isso. Nisso consiste o triunfo incessante, ainda que anônimo, de um espírito verdadeiramente amoroso.

"Passarei por este mundo somente uma vez. Assim, tudo de bom que eu possa fazer, qualquer bondade que eu possa demonstrar para com um ser humano, que eu faça imediatamente. Não devo adiá-lo nem omiti-lo, pois não passarei por esse caminho novamente."

Genererosidade

"O amor não é invejoso." Se o fosse, seria amar competindo com os outros. Sempre que vocês estiverem envolvidos em uma boa ação, encontrarão outras pessoas também envolvidas, e provavelmente o fazendo ainda melhor. Não alimentem a inveja contra essas pessoas. A inveja é um sentimento negativo contra aqueles que trilham o mesmo caminho trilhado por nós, uma disposição deplorável de depreciação alheia. Quão pouco ainda a própria obra cristã atua como uma proteção contra um sentimento não cristão! Essa disposição, a mais desprezível entre todas as que turvam uma alma cristã, estará com certeza nos esperando no início de toda obra, a não ser que nos fortaleçamos com a magnanimidade. Somente uma coisa pode verdadeiramente combater a inveja do cristão: uma alma magnânima, fecunda e generosa, que "não é invejosa".

Humildade

O próximo passo do aprendizado é o da humildade – o calar-se e o esquecer-se daquilo que foi realizado. Depois da prática da bondade, depois do amor haver se esparramado pelo mundo e ter concretizado sua bela obra, voltemos à sombra e não façamos comentários. O amor oculta-se até de si mesmo; renuncia até à autossatisfação. "O amor não é irrefletido, não é orgulhoso." A humildade é o esconderijo do amor.

Afabilidade

Esse quinto ingrediente do *summum bonum* parece um tanto estranho. Trata-se do amor no meio social, do amor no que diz respeito às boas maneiras. "O amor não é inconveniente."

A polidez já foi definida como o amor nas ninharias. A afabilidade – diz-se – é o amor nas pequenas coisas. E por trás da polidez existe um único segredo: amar.

Não há como o amor comportar-se inconvenientemente. Se vocês instalarem na mais alta sociedade as pessoas mais incultas, se estas tiverem em seus corações muito amor, não se comportarão de modo inconveniente, pois são simplesmente incapazes disso. Carlisle comentou sobre Robert Burns que não havia em toda a Europa maior cavalheiro do que esse poeta-camponês. A razão disso estava no fato de que ele amava todas as coisas criadas por Deus – pequenas ou grandes –, tanto o camundongo quanto a margarida. Bastava-lhe, assim, esse simples passaporte para conviver em qualquer sociedade e adentrar cortes e palácios, ele, que vinha de sua pequena cabana às margens do Ayr[*].

Vocês sabem o significado da palavra *gentleman*. Significa homem gentil, alguém que faz as coisas de maneira gentil, com amor. Nisso reside toda a arte e o mistério do amor. A pessoa gentil, afável, é naturalmente incapaz de realizar uma ação indelicada. Quanto à pessoa rude, indelicada, naturalmente antipática, ao contrário, é incapaz de agir de outra maneira. "O amor não é inconveniente."

---

[*] O *rio Ayr* está localizado no antigo condado de Ayrshire, na Escócia. Considerado o rio mais longo da região, cuja extensão atinge 65 km, margeia diversas aldeias. (N.E.)

Altruísmo

"O amor não busca seu próprio interesse." Notem: não busca nem mesmo o que é de seu próprio interesse. Na Inglaterra, o inglês luta, e com razão, pelos seus direitos. Há ocasiões, porém, em que se pode exercer até o direito mais nobre: de abrir mão dos próprios direitos.

Todavia Paulo não nos conclama a abrir mão de nossos direitos. O significado do amor é muito mais profundo: trata-se de não se importar com esses direitos, ignorá-los, eliminar completamente o interesse egocêntrico, pessoal, de nossa própria perspectiva.

Não é difícil abrir mão dos próprios direitos, uma vez que correspondem com frequência a coisas externas: o difícil é abrir mão de *nós mesmos*. O mais difícil realmente é não buscar coisas para nós mesmos de modo algum. É fácil abrir mão delas depois de procurá-las, comprá-las, conquistá-las, merecê-las e extrair delas a melhor parte. A dificuldade está simplesmente em não buscá-las; afinal, não se pode medir um homem pelas coisas que possui. "Buscas grandes coisas para ti mesmo?", perguntava o profeta. *"Pois não as busques."* Por quê? Ora, porque não existe isso que se chama de grandes *coisas*. Não há e nem pode haver grandeza nas coisas. O amor altruísta é a única grandeza que existe. Nem mesmo a renúncia em si mesma possui grandeza, sendo quase um erro. A única justificativa para a negação de si mesmo ou a privação é uma meta grandiosa ou um amor poderoso.

Eu disse que é mais difícil não buscar, de modo algum, nosso próprio interesse do que, após buscá-lo, abrir mão dele. Tenho de corrigir isso, pois isso só se aplica a um coração parcialmente egoísta. Não há dificuldade ou fardo algum em amar. Não creio que o fardo do Cristo, que é o do amor, seja difícil ou pesado. Esse fardo é apenas Seu modo de viver. E acredito que seja, inclusive, um modo mais fácil do que qualquer outro, e que proporciona mais felicidade do que qualquer outro. Nos ensinamentos do Cristo, a lição mais evidente é a de que a obtenção e posse das coisas não proporciona felicidade. Esta só é proporcionada pelo ato de dar. Repito: *obter e possuir não proporciona felicidade, somente o dar.* A metade do mundo busca a felicidade pelo caminho errado. Supõe que a alcançará por meio da obtenção e posse, colocando as pessoas a seu serviço. Pelo contrário, a felicidade consiste em dar e servir aos outros. "Aquele que desejar ser o maior entre vós," disse Cristo, "que sirva ao seu semelhante." Aquele que busca a felicidade deve se lembrar de que só existe um caminho para atingi-la: a compreensão e a prática destas palavras: "Maior benção e maior felicidade estão no dar, e não no receber".

Brandura

Este outro ingrediente do amor é realmente notável, até porque sua presença nesse elenco chega a ser muito surpreendente: "o amor não se irrita". De fato, tendemos a considerar a ira, ou intolerância, como uma mera fraqueza humana, bastante inofensiva. Ao avaliar o caráter de uma pessoa, não temos essa "fraqueza" na conta de algo de grande peso, mas a encaramos apenas como um mal natural, uma espécie de falha genética familiar... uma questão de temperamento. E vejam só: ela se encaixa bem no centro desta análise do amor. A propósito, as Escrituras a condenam reiteradamente como um dos elementos mais destrutivos da natureza humana.

Interessante notar que aquilo que caracteriza a ira é o fato de ela ser o vício dos virtuosos. Nós a encontramos frequentemente como uma mácula presente num caráter que sem ela seria simplesmente nobre. Vocês devem conhecer homens que são quase perfeitos e mulheres que seriam inteiramente perfeitas se não fosse por uma disposição facilmente ofensiva, irritadiça ou "melindrosa". O fato de a ira ser compatível com o alto padrão moral de uma pessoa é um dos problemas mais estranhos e lamentáveis da ética. Bem, a verdade é que há duas grandes classes de pecados: os pecados do *corpo* e os pecados da *atitude*. Tomemos o Filho Pródigo como um tipo da primeira classe e o do Irmão mais velho como um da segunda. A sociedade não tem dúvida quanto a qual desses pecados é pior, e aponta o dedo condenatório, sem hesitar, para o Filho Pródigo. Mas estará certa? Não dispomos de nenhuma balança para pesar os pecados uns dos outros, e "pior" e "melhor" não passam de palavras. Faltas, porém, que encontramos nas personalidades mais nobres podem ser, de fato, mais sérias do que as encontradas nas pessoas mais simples, e aos olhos Daquele que é amor pode ser que um pecado contra o amor pareça cem vezes pior. A ira, mais do que qualquer outro tipo de vício, mesmo o interesse pelas coisas mundanas, a ganância ou a própria embriaguez, contribui para tornar a sociedade menos cristã.

O efeito da ira é inigualável quando se trata de trazer amargor à vida, solapar comunidades, destruir os relacionamentos mais sagrados, devastar lares, minar a energia de homens e mulheres, apagar o viço da juventude, em resumo, a ira, ou intolerância, é inigualável no seu poder puro e gratuito de gerar sofrimento.

Observem o Irmão mais velho da parábola do Filho Pródigo! Temos que lhe creditar todas as suas virtudes: ele é digno, trabalha arduamente, é paciente, cumpridor de seus deveres... Observem esse homem, ou melhor, essa criança, amuado do lado de fora da casa de seu próprio pai. "Ele estava zangado," é o que lemos, "e não quis entrar." Observem o efeito de seu comportamento sobre seu pai, sobre os servos, sobre a alegria dos convidados. Avaliem o efeito sobre o Filho Pródigo! Quantos filhos pródigos são mantidos fora do Reino de Deus devido ao desamor dos que alegam estar dentro dele! Como se vocês fossem estudiosos do mau humor, analisem a sombra densa que carrega o cenho do Irmão mais velho. Do que é feita? Ciúme, raiva, orgulho, ausência de caridade, crueldade, convicção de que se é dono da verdade, melindre, teimosia, rabugice. Eis o que contém essa alma sombria e sem amor. Também são, em doses variadas, os ingredientes de toda forma de ira ou intolerância. É o caso de julgarmos se esses pecados da disposição ou atitude não são piores para nossas vidas, tornando pior a convivência humana, do que os pecados do corpo. Essa questão realmente já foi resolvida pelo próprio Cristo quando ele declara aos escribas: "A vós digo que os publicanos[*] e as prostitutas adentrarão o Reino de Deus antes de vós". Não há lugar no céu, de fato, para tal disposição. Alguém dotado de tal humor faria dele um lugar infeliz para todos os que nele estivessem. Assim, a não ser que nascesse de novo, um ser humano irado ou intolerante não pode – simplesmente *não pode* – ingressar no Reino dos Céus.

---

[*] Os *publicanos* eram, durante o Império Romano, os cobradores de impostos. (N.E.)

É realmente necessário atentar para a gravidade da ira. Não se trata apenas do que ela é em si, mas do que manifesta. É por isso que me refiro a ela com uma franqueza incomum. O amor é posto à prova quando uma natureza no fundo destituída de amor se revela. A ira é uma febre intermitente, sintomática de uma doença interior constante: a bolha ocasional que aflora à superfície denunciando alguma podridão abaixo; uma amostra dos produtos mais ocultos da alma que se revelam à revelia de nossa vontade quando não estamos vigilantes; em resumo, a ira, ou intolerância, desencadeia uma centena de pecados horríveis contra o espírito cristão. Num surto de ira ou ato de intolerância são representadas instantaneamente as mais graves carências: a da paciência, a da bondade, a da generosidade, a da afabilidade, a do altruísmo.

Diante disso, não basta lidar com a ira. É preciso ir até sua fonte e mudarmos o íntimo de nossa natureza, com o que os sentimentos de ira e intolerância desaparecerão por si mesmos. Não é delas eliminando o azedume ou a aspereza que as almas são abrandadas, mas nelas introduzindo algo: um grande amor, um novo alento, o Espírito do Cristo, o qual, interpenetrando o nosso, tudo abranda, purifica, transforma. É o único capaz de erradicar o que é errado, capaz de operar uma transformação química, renovar, regenerar e reabilitar o interior do ser humano. A força de vontade não transforma os seres humanos. O tempo também não os transforma. Cristo transforma. Portanto, permitam que o Espírito de Cristo Jesus penetre e esteja dentro de vocês.

Alguns de nós não têm muito tempo a perder. É preciso lembrar mais uma vez que isso é uma questão de vida ou morte. Não posso evitar, assim, de dirigir um discurso premente a mim mesmo e a vocês. "Ai daquele que escandalizar algum desses pequeninos que crêem em mim; melhor lhe seria que lhe dependurassem uma pedra de moinho ao redor do pescoço e o lançassem ao fundo do mar." O que significa isso? Significa a determinação do Senhor de que é preferível não viver a viver e não amar. Precisamente: *é preferível não viver a viver e não amar.*

Inocência e Sinceridade

Não há necessidade de dizer muito sobre a inocência e a sinceridade. Elas inspiram a confiança das pessoas que nos influenciam e nos sensibilizam, ao passo que sua ausência as afasta, tornando as pessoas desconfiadas.

Se vocês pararem por um momento e refletirem, perceberão que as pessoas que exercem influência sobre vocês são pessoas que acreditam em vocês. As pessoas recuam quando há uma atmosfera de suspeita, mas sob aquela da sinceridade e da confiança se abrem, encontram mútuo estímulo, e instaura-se uma camaradagem para a educação e edificação de todos.

É maravilhoso toparmos ocasionalmente, neste mundo duro e desprovido de caridade, com algumas raras pessoas que não pensam o mal. Não há atitude que encerra mais desapego às coisas do mundo do que essa. O amor "não pensa o mal", não guarda ressentimento, vê o lado luminoso das coisas, interpreta da maneira mais positiva todas as ações. Que agradabilíssimo estado de espírito para se viver! Que estímulo e bênção para a vida experimentar isso, mesmo que fosse por um só dia! Conquista a confiança, uma confiança na qual reside nossa salvação. Em nossa tentativa de influenciar outras pessoas ou promover a edificação delas, não demoramos a perceber que atingir nosso objetivo depende de que acreditem que nelas acreditamos. A conquista do respeito alheio é o primeiro passo para a recuperação do autorrespeito que alguém perdeu. O que idealizamos que essa pessoa seja para ela converte-se, a um só tempo, na esperança e no modelo do que pode se tornar.

"O amor não se regozija com a injustiça, porém se regozija com a verdade." Para a tradução na versão autorizada do Evangelho "se regozija na verdade", usei a palavra sinceridade. Certamente, fosse essa a tradução genuína, nada poderia ser mais justo, pois aquele que ama amará a verdade tanto quanto seus semelhantes. Regozijar-se-á com a verdade, não com a verdade em que foi ensinado a acreditar, não com aquela que é a doutrina desta ou daquela igreja, não naquela correspondente a este ou aquele "ismo"; regozijar-se-á simplesmente *com a verdade*. Aceitará apenas o que é real; se esforçará para chegar aos fatos; buscará a verdade com uma disposição humilde e não tendenciosa, e o objeto de sua descoberta, seja qual for, ele o terá em apreço, não importa qual seja o seu sacrifício. Entretanto, a tradução mais literal da versão revisada do Evangelho reivindica aqui tal sacrifício em nome da verdade. De fato, o que Paulo realmente quis dizer é, tal como lemos nessa passagem: "não se regozija com a injustiça, porém se regozija com a verdade". É uma qualidade que provavelmente nenhuma palavra em nossa língua – e certamente não a palavra "sinceridade" – define de maneira adequada. Talvez a ideia mais positivamente aqui contemplada seja a de um autocontrole que se nega a tirar proveito das falhas alheias; uma caridade que se regozija em não expor as fraquezas alheias, mas que "compreende e aceita amorosamente todas elas"; uma sinceridade de propósito que se empenha em ver as coisas como são e se regozija em enxergá-las melhores do que o temido pela suspeita ou o denunciado pela calúnia.

* * *

Mas basta no que se refere à análise do amor. A tarefa de nossas vidas, de fato, consiste em inserir esses ingredientes do amor em nós mesmos.

* * *

Neste mundo, precisamos, acima de tudo o mais, nos dedicar à suprema tarefa de aprender a amar. E não está a vida repleta de oportunidades para o aprendizado do amor? Todos nós – homens e mulheres – temos diante de nós milhares delas todos os dias. É necessário nos lembrarmos de que o mundo não é um *playground*, mas uma escola; viver não é estar de férias, mas realizar um aprendizado. E há uma lição eterna para todos nós nesse aprendizado: *como aprender a aprimorar essa capacidade de amar.*

O que faz de alguém um bom esportista? Prática. O que faz de alguém um bom artista – digamos um bom escultor ou um bom músico? Prática. O que faz de alguém um bom linguista, um bom estenógrafo? Prática. E o que faz de alguém uma boa pessoa? Nada mais do que a prática! A religião e a espiritualidade nada têm de característico nesse aspecto. Não nos desenvolvemos espiritualmente de maneira diferente, segundo regras diferentes daquelas pelas quais nos desenvolvemos física e mentalmente. O desenvolvimento do bíceps de um homem exige o exercício do braço; do mesmo modo, o desenvolvimento espiritual exige o exercício da alma. É esse exercício que produz firmeza do caráter, fibra moral e nobreza espiritual. O amor não é meramente uma efusão sentimental. É uma manifestação duradoura, fecunda, corajosa, vigorosa do caráter cristão na sua íntegra, o caráter cristão levado ao seu desenvolvimento mais pleno. E somente uma prática contínua pode produzir os componentes desse grandioso caráter.

O que fazia Cristo na carpintaria? Praticava. Embora perfeito, lemos que Ele *aprendia* obediência ao Pai e crescia em sabedoria e a favor de Deus. Não lutem, portanto, contra a sorte que cabe a cada um de vocês na vida. Não reclamem com respeito às suas contínuas preocupações, quanto aos ambientes mesquinhos em que temos de viver, em relação aos aborrecimentos a serem suportados, à pequenez e à sordidez de almas que encontramos pelo caminho, com as quais temos de viver e lidar. Sobretudo, não se intimidem com as tentações. Não se assustem com elas, já que parecem se acumular num assédio crescente em torno de vocês, e não se afastam, apesar de todo o esforço empreendido, de todo o sofrimento suportado, de todas as preces feitas. Essa é a prática que cabe a cada um de acordo com o desígnio de Deus, e é ela que tornará cada um de vocês paciente, humilde, generoso, altruísta, bondoso e afável. Não mostrem relutância diante da mão que molda a imagem ainda demasiado amorfa dentro de vocês. Essa imagem está adquirindo contornos e está se tornando mais bela, embora seja invisível para seus olhos. E toda tentação pode contribuir para sua perfeição. Conclusão: mantenham-se bem no centro da vida. Não busquem o isolamento. Permaneçam em meio aos seus semelhantes, em meio às coisas, aos problemas, às dificuldades e aos obstáculos. Lembrem-se das palavras de Goethe: "O talento desenvolve-se na solidão, o caráter, no curso da vida". O talento desenvolve-se na solidão: o talento da oração, da fé, da meditação, de ver o invisível; o caráter cresce no curso da vida no mundo. É principalmente aí que os seres humanos devem aprender a amar.

Mas como? Para facilitar as coisas, indiquei os nomes de alguns dos ingredientes do amor. Mas não passam de ingredientes. Nunca será possível definir o próprio amor. A luz é algo mais do que a soma de seus componentes: é um éter palpitante, brilhante, ofuscante. Do mesmo modo, o amor é algo mais do que a totalidade de seus ingredientes, pois é algo que palpita, que se agita, algo sensível e vivo. É curioso que, combinando todas as cores, possamos produzir a brancura, mas não a luz. Igualmente, pela combinação de todas as virtudes, podemos criar uma virtude total, mas não o amor. Como então transmitir esse todo transcendente e vivo às nossas almas? Nós conferimos força e firmeza às nossas vontades para assegurá-lo. Tentamos imitar aqueles que o possuem. Teorizamos ou estabelecemos regras em torno dele. Observamos. Oramos. Mas tudo isso, por si só, não introduzirá o amor em nossa natureza. O amor é um *efeito*, e somente conseguimos produzir esse efeito quando preenchemos a condição correta e necessária para produzi-lo. Será o caso de dizer-lhes qual a *causa* para esse efeito?

Na versão revista da *Primeira Carta de João* vocês lerão as seguintes palavras: "Amamos porque ele nos amou primeiro". "Amamos", não "*o* amamos". como consta na versão antiga, o que está inteiramente errado. "*Amamos* porque ele nos amou primeiro." Observam a palavra "porque". É a *causa* a que me referi. "*Porque* ele nos amou primeiro", o efeito resultante é amarmos, O amamos, amamos a todos os seres humanos. Não podemos evitá-lo. Porque Ele nos amou, nós amamos, amamos a todos. Nosso coração passa por uma lenta transformação. A simples contemplação do amor do Cristo levará vocês a amar. Coloquem-se diante desse espelho, obtendo o reflexo do caráter do Cristo: o resultado será o reflexo de vocês se tornar o mesmo do Cristo por meio de um processo gradual de ternura. Não há outro meio. Não é possível que vocês se imponham amar. Tudo que podem fazer é olhar o objeto do amor, apaixonar-se por ele e gerar a semelhança entre ele e vocês. Contemplem o caráter perfeito do Cristo responsável por Sua vida igualmente perfeita. Contemplem a vida que Ele ofereceu em sumo sacrifício no Calvário após tê-la vivido no serviço ininterrupto do amor. Impõe-se o dever de amá-Lo. E amando-O, necessariamente vocês se tornarão semelhantes a Ele. Amor gera amor. É como num processo de indução: se vocês puserem um pedaço de ferro junto a um corpo indutor de eletricidade, ele se tornará eletrificado. Ela foi transformada num ímã temporário simplesmente devido à presença de um ímã permanente. Enquanto esses dois ímãs forem mantidos um ao lado do outro, serão igualmente ímãs. Se vocês permanecerem lado a lado com Aquele que nos amou, e se entregou por nós, também vocês se converterão num ímã permanente, uma força que exerce atração permanente. Atrairão, como Ele, todos os seres humanos; serão atraídos, como Ele, para todos os seres humanos. Eis aí o efeito inevitável do amor. Todo aquele que produzir essa causa terá em si, necessariamente, a produção desse efeito.

Empenhem-se em renunciar à ideia de que somos religiosos por acaso, ou devido ao mistério do espiritual, ou ainda movidos por um capricho. Somos religiosos em função de uma lei natural, ou de uma lei sobrenatural, uma vez que toda lei é divina.

Edward Irving, numa ocasião, foi visitar um menino moribundo. Após entrar no quarto, limitou-se a estender a mão sobre a cabeça daquele menino que sofria e dizer: "Meu filho, Deus te ama". Em seguida retirou-se do aposento. O menino levantou-se do leito e exclamou para as pessoas que se encontravam na casa: "Deus me ama! Deus me ama!".

Foi uma frase simples que transformou aquele menino. O sentimento de que Deus o amava transmitiu-lhe forças novas, afastou o mal que o afligia e começou a nele instalar um novo ânimo, um novo coração. E é do mesmo modo que o amor de Deus afasta o mal do coração destituído de amor de um homem, nele gerando a nova criatura, que é paciente, humilde, afável e altruísta. Não há outro meio de atingi-lo e não há nisso nenhum mistério. Amamos os outros, amamos a todos, amamos nossos inimigos *porque Ele nos amou primeiro*.

A defesa

Tenho pouco agora para acrescentar acerca das razões que levaram Paulo a singularizar o amor como o bem supremo.

Mas trata-se de uma razão de suma importância. É expressa numa única palavra: o amor *perdura*. "O amor", insiste Paulo, "jamais deixa de existir." Prossegue com uma nova lista magnífica de coisas tidas em alta estima na sua época e as expõe uma a uma. Menciona coisas que as pessoas pensavam que seriam duradouras, e mostra que eram todas fugazes, transitórias, condenadas ao desaparecimento.

"As *profecias* deixarão de ter validade." Naquela época o grande sonho de uma mãe era seu filho tornar-se um profeta. Há séculos Deus se comunicara com a humanidade por meio de profetas. Naqueles tempos, um profeta era mais importante do que um rei. Os seres humanos aguardavam ansiosamente a vinda de um novo mensageiro e, quando ele surgia, ouviam-no atentamente como se a voz dele fosse a própria voz de Deus. Paulo, contudo, diz: "As profecias deixarão de ter validade". Há uma profusão de profecias nas Escrituras, mas uma a uma "deixaram de ter validade", isto é, tendo sido cumpridas, não tinham mais função alguma. Nada mais lhes cabia realizar no mundo exceto alimentar a fé de um devoto.

Refere-se Paulo então às *línguas*. E capacitar-se a conhecer e falar muitas línguas também era algo ambicionado por muita gente. Paulo, entretanto, decreta: "As línguas terão um fim". Como todos nós sabemos, há milênios apareceram as primeiras línguas neste mundo. Mas nasceram e morreram. Considerem isso no sentido que desejarem, mesmo naquele literal das línguas em geral, que não é bem o contemplado por Paulo, mas que nos servirá para perceber a verdade que ele aponta. Por exemplo, a *Primeira Carta aos Coríntios* foi escrita em grego antigo. Esta língua desapareceu. Outra língua importantíssima daquela época, o latim, também desapareceu há muito tempo. Observem as línguas da Índia e as línguas indígenas em geral: estão deixando de existir. Assistimos hoje à morte das línguas do País de Gales, da Irlanda e das regiões montanhosas da Escócia. O livro mais popular em língua inglesa atualmente, depois da *Bíblia*, o *Pickwick Papers* (*As Aventuras de Pickwick*) é uma das obras de Dickens. Foi escrito fundamentalmente no inglês coloquial de Londres. Ora, especialistas nos afirmam que daqui há cinquenta anos ele se tornará incompreensível para o leitor inglês comum.

E Paulo continua, exibindo uma audácia ainda maior: "A *ciência* desaparecerá". Onde está o saber dos antigos? Desapareceu completamente. Um garoto de escola hoje sabe mais do que Sir Isaac Newton sabia. O conhecimento que este detinha desvaneceu-se. O jornal de ontem

tem como destinação o cesto de lixo: suas informações já foram superadas. Vocês podem comprar as antigas edições das grandes enciclopédias por alguns centavos: o conhecimento que elas encerram foi totalmente superado. Observem como a carruagem foi substituída pelo veículo a vapor, e como a eletricidade está substituindo o vapor e já condenou quase uma centena de invenções recentes ao esquecimento. "A ciência desaparecerá." No fundo de qualquer oficina vocês acharão um monte de ferro velho, algumas rodas, alavancas e manivelas, quebradas e corroídas pela ferrugem. Vinte anos atrás, essas coisas compunham máquinas "modernas" que estavam na ordem do dia e eram admiradas e desejadas pela maioria das pessoas. Muita gente vinha do campo para apreciar essas grandes invenções. Agora foram ultrapassadas e substituídas. Inclusive toda a ciência e a filosofia atuais, de que nos orgulhamos tanto, não tardarão a encontrar o seu crepúsculo.

No meu tempo de estudante, alguns anos atrás, a maior personalidade da Universidade de Edimburgo era

Sir James Simpson, o descobridor do clorofórmio. Recentemente, o bibliotecário da Universidade pediu ao Prof. Simpson, isto é, ao sobrinho e sucessor do primeiro Simpson, para ir à biblioteca e separar, a título de seleção, os livros de obstetrícia (a matéria de Sir James) que não eram mais requisitados. A observação feita ao bibliotecário foi a seguinte: "Pegue todo livro que tenha mais de dez anos e leve para o porão."

Poucos anos antes, Sir James Simpson era uma grande autoridade: vinha gente do mundo inteiro consultá-lo. Ora, a ciência atual condenou ao esquecimento quase a totalidade dos ensinamentos desse período recente. O mesmo ocorre em todos os ramos da ciência. "Atualmente conheço parcialmente. E vemos como através de um espelho, obscuramente." A ciência não perdura.

Será que vocês podem me indicar alguma coisa que vá perdurar? Paulo não se dispôs a indicar muitas coisas. Não mencionou o dinheiro, a fortuna, a fama. Mas selecionou as coisas tidas como importantes no seu tempo

– coisas consideradas pelas melhores pessoas como detentoras de algo valioso – e decididamente as colocou de lado. Paulo nada tinha em particular contra essas coisas em si mesmas. Limitou-se a dizer sobre elas que não durariam. Eram efetivamente coisas importantes, mas não as mais importantes. O que somos supera o que fazemos, e ainda muito mais o que possuímos. Muitas coisas que as pessoas apontam como pecados não o são. Mas são passageiras. Esse é um dos argumentos favoritos do Novo Testamento. João não diz que o mundo é errado, mas simplesmente que "passa". O mundo contém um grande número de coisas encantadoras e belas; há muito nele de grandioso e atraente. Mas tudo isso não vai perdurar. Tudo o que existe no mundo, quer dizer, os espetáculos oferecidos pelos nossos olhos, o prazer da carne e o próprio orgulho e entusiasmo de viver são muito efêmeros. Convém, portanto, que não se ame o mundo. Nada que ele possui é tão importante que valha a vida de dedicação de uma alma imortal. A alma imortal deve devotar-se a algo que seja imortal. E as únicas coisas imortais são as que perduram, ou seja, citando Paulo: "Agora permanecem os três: fé, esperança, amor. Mas entre eles o amor é o maior".

Alguns acham que surgirá um tempo em que mesmo duas dessas coisas desaparecerão: a fé, com a contemplação de Deus; e a esperança, com o gozo do que esperávamos. Não é o que Paulo diz. Hoje pouco sabemos sobre as condições da vida nos tempos vindouros. Uma coisa, entretanto, é certa: o amor perdurará. Deus, o Deus eterno, é amor. Almejem, portanto, esse dom que durará para sempre, essa única coisa que certamente suportará o flagelo do tempo, essa única moeda que permanecerá corrente e válida no universo quando todas as outras, de todos os países do mundo, serão inúteis e inaceitáveis. Vocês poderão entregar-se a muitas coisas, mas entreguem-se primeiramente ao amor. *Deem apenas o valor devido a cada coisa.* Que o primeiro grande propósito de nossas vidas seja conquistar o caráter que indicamos há pouco, ou seja, o caráter que é o reflexo daquele do Cristo, o qual é formado em virtude do amor.

Afirmei que ele é eterno. Já perceberam quão continuamente João associa o amor e a fé à vida eterna? Quando eu era um menino, disseram-me que "Deus amou tanto o mundo que concedeu seu Filho unigênito para que aquele que nele cresse tivesse vida eterna".

Lembro-me que me disseram que Deus amou tanto o mundo que se eu Nele confiasse conquistaria algo chamado paz, ou repouso, ou alegria, ou segurança. Mas tive que descobrir por mim mesmo que aquele que Nele confiasse, ou seja, quem O amasse – pois a confiança é tão só a senda para o amor – gozaria da vida eterna. O que o Evangelho oferece a um ser humano é uma vida! Jamais ofereçam às pessoas uma dose ínfima de Evangelho. Não se limitem a oferecer-lhes alegria, ou paz, ou repouso, ou segurança. Digam a elas que Cristo veio a este mundo para lhes conceder uma vida mais plena do que a que vivem, uma vida repleta de amor e, consequentemente, um depósito copioso para a salvação delas mesmas, sendo também rica para um largo exercício do amor, que contribui para o alívio e a redenção da humanidade. Somente assim o Evangelho penetrará o todo do ser humano: corpo, alma e espírito, proporcionando para cada uma dessas partes da natureza humana a possibilidade de sua prática e a recompensa de tal prática. Muitos dos evangelhos, quer dizer, das mensagens religiosas atuais são dirigidos a uma única parte da natureza humana. Oferecem paz, mas não vida; fé, mas não amor; justificação, mas não regeneração. E as pessoas acabam por abandonar essas religiões porque, na verdade, elas nunca as prenderam, nunca atingiram a totalidade de sua natureza. Não ofereceram um caminho de vida mais profundo e mais repleto de contentamento do que o caminho de vida anterior de que já dispunham. Certamente é compreensível que apenas um amor mais pleno seja capaz de competir com o amor mundano.

Amar de maneira plena e generosa corresponde a viver de maneira plena e generosa; e amar para sempre corresponde a viver para sempre. A conclusão é que a vida eterna está ligada inextricavelmente ao amor. A razão de querermos viver para sempre é a mesma de querermos viver amanhã. E por que almejamos viver amanhã? Porque há alguém que nos ama que desejamos ver amanhã, com quem queremos estar amanhã, e retribuir o seu amor. A única razão para continuarmos vivendo é amar e sermos amados. Quando alguém não tem nenhuma pessoa que o ama, acaba por procurar alguma forma de suicídio. O interesse pela vida tem no amor o seu alimento ou combustível essencial. Enquanto tiver amigos, pessoas que o amam e que ele ama, viverá, porque viver é amar. Se tiver, ao menos, o amor de um cão, esse amor o manterá vivo... Mas na falta de alguma espécie de amor, seu vínculo com a vida romperá, e ele não terá nenhuma razão para viver. Será o agente de sua própria morte.

A vida eterna é também conhecer a Deus, e Deus é amor. Vejam as palavras do Cristo e ponderem a respeito: "Esta é a vida eterna, que conheçam a ti, o único Deus verdadeiro, e Jesus Cristo, por ti enviado". O amor tem de ser eterno, uma vez que é idêntico ao que Deus é. Enfim, amor é vida. O amor jamais deixa de existir, e igualmente a vida, enquanto houver amor. Nisso consiste a filosofia da mensagem de Paulo. Considerando a natureza das coisas, o amor é o bem supremo porque irá durar e porque se identifica com uma vida eterna. Mas é algo que vivemos agora, e não algo que conquistaremos com a morte. Pelo contrário, se não o vivermos agora, muito dificilmente o encontraremos após a morte. Nada é mais desastroso para um ser humano neste mundo do que viver e envelhecer sozinho, sem amar e sem ser amado. Viver incorrigivelmente nessa condição de desamor significa a perdição. Não há salvação fora do amor. E aquele que vive na esfera do amor já vive na esfera de Deus, pois Deus é amor.

Epílogo

Estou prestes a terminar, mas antes lhes pergunto: quantos de vocês estão dispostos a ler esse capítulo 13 da *Primeira Carta aos Coríntios* uma vez por semana durante os próximos três meses? Alguém fez isso uma vez e o resultado foi a transformação de toda a sua vida. Vocês o farão? Refere-se ao bem supremo. Podem começar por fazer essa leitura todos os dias, especialmente os versículos que descrevem o caráter perfeito: "O amor é paciente, é solícito. O amor não é invejoso. O amor não é irrefletido, não é orgulhoso (...)". E introduzam esses ingredientes em suas vidas, assim, tudo o que fizerem será eterno. Vale a pena. Vale a pena empregar tempo nisso.

Não é possível a um homem santificar-se durante o sono, ou seja, espiritualização também requer certas atividades. O aprendizado do amor, que é um aprendizado fundamentalmente prático, exige prece e meditação, e leva algum tempo, tal como qualquer aperfeiçoamento, físico ou mental, exige preparo e cuidados. Concentrem-se nessa tarefa. A qualquer custo, busquem substituir o caráter mundano por esse caráter transcendente.

A propósito, se fizerem uma retrospectiva de suas vidas, descobrirão que os momentos que nelas se destacaram, os momentos em que vocês realmente viveram, foram aqueles em que vocês agiram dentro de um espírito de amor. Quando a memória investiga o passado, ressaltam – independentemente dos prazeres fugazes da vida – aquelas ocasiões especialmente importantes em que vocês conseguiram realizar despercebidos atos de bondade a favor daqueles ao seu redor, atos aparentemente demasiado insignificantes para merecerem um discurso, mas que vocês sentem que se incorporaram nas suas vidas eternas. Contemplei quase todas as belas obras criadas por Deus; gozei quase todos os prazeres concebidos por Ele para o ser humano e, no entanto, ao olhar para trás vejo sobressaírem, por toda a minha vida até agora, quatro ou cinco breves experiências em que alguma precária imitação, alguma acanhada ação de amor de minha parte refletiram o amor de Deus. E essas ações parecem ser, entre todas as demais da vida de alguém, as únicas que perduram. Em nossas vidas, tudo o mais é transitório. Qualquer outro bem não passa de uma visão efêmera. Mas as ações de amor – ignoradas pelos homens, ou que os homens jamais poderão conhecer – jamais deixarão de existir, têm o selo da perenidade.

No *Livro de Mateus*, onde o Dia do Juízo Final nos é retratado pela imagem de Alguém sentado num trono separando as ovelhas das cabras, a prova humana não é responder à pergunta "Qual foi minha maneira de crer?", mas sim "Qual foi minha maneira de amar?". A prova referente à religião, o teste final de cunho religioso, nada tem a ver com a devoção religiosa, mas especificamente com o amor. Repito que esse teste conclusivo que envolve a religião nesse Dia do Juízo Final não tem a ver com devoção religiosa, mas com amor. Não estará em julgamento o que fiz, qual foi minha crença, o que conquistei, mas como na vida distribuí as dádivas comuns do amor. Nesse terrível indiciamento, pecados de cometimento não são sequer mencionados. Somos julgados pelo que não fizemos, isto é, *por pecados de omissão*. Aliás, não poderia ser de outro modo, pois a recusa do amor é a negação do Espírito do Cristo, a prova de que jamais O conhecemos, de que para nós Ele viveu em vão. Significa que não houve nenhuma sugestão Dele em todos os nossos pensamentos, que Ele não produziu nenhuma inspiração na totalidade de nossas vidas, que não estivemos sequer uma vez suficientemente próximos Dele para sermos presos pelo encantamento de Sua compaixão pelo mundo. Significa que...

> Vivi por mim mesmo, pensei por mim mesmo,
> Por mim mesmo, e ninguém além de mim,
> Tal como se Jesus nunca houvesse vivido,
> Tal como se Ele nunca houvesse morrido.

É diante do Filho do Homem que as nações do mundo serão reunidas. Seremos acusados na presença da humanidade. E cada um será julgado silenciosamente pelo próprio espetáculo, pela mera visão de suas próprias obras. Ali estarão as pessoas que encontramos e que ajudamos, ou as muitas vítimas de nossa omissão ou desprezo, às quais negamos a compaixão. Não haverá necessidade de convocar nenhuma testemunha. Aliás, não haverá outra acusação senão a do desamor. Não se iludam! As palavras que todos nós ouviremos nesse dia não tratarão de teologia, mas de vida, não serão as palavras de sacerdotes de quaisquer igrejas ou templos, nem sequer dos santos, mas as dos famintos e dos pobres; não serão os discursos dos credos e das doutrinas, mas os dos desabrigados e desnudos; não serão, tampouco, as palavras de bíblias, livros sagrados ou livros de orações, mas aquelas dos sedentos aos quais demos ou negamos um copo d'água.

Graças a Deus que o cristianismo atual está se aproximando das necessidades do mundo. Está vivo para dar assistência a essas necessidades. Graças a Deus que os seres humanos têm agora uma ligeira noção do que seja religião, do que seja Deus, de quem é Cristo e de onde está Cristo. Quem é Cristo? Aquele que alimentou os famintos, vestiu os nus, visitou os enfermos. E onde está Cristo? "Todo aquele que acolher uma criancinha em meu nome, acolhe a mim." E quem são os cristãos? "Todo aquele que ama provém de Deus."